Minimalismo

Una Guía Simple Para Vivir Con Menos

(Su Guía Para Vivir Una Gran Vida Para Ordenar Su Vida En Casa)

Jon Razo

Publicado Por Daniel Heath

© **Jon Razo**

Todos los derechos reservados

Minimalismo: Una Guía Simple Para Vivir Con Menos (Su Guía Para Vivir Una Gran Vida Para Ordenar Su Vida En Casa)

ISBN 978-1-989808-57-3

Este documento está orientado a proporcionar información exacta y confiable con respecto al tema y asunto que trata. La publicación se vende con la idea de que el editor no esté obligado a prestar contabilidad, permitida oficialmente, u otros servicios cualificados. Si se necesita asesoramiento, legal o profesional, debería solicitar a una persona con experiencia en la profesión.

Desde una Declaración de Principios aceptada y aprobada tanto por un comité de la American Bar Association (el Colegio de Abogados de Estados Unidos) como por un comité de editores y asociaciones.

No se permite la reproducción, duplicado o transmisión de cualquier parte de este documento en cualquier medio electrónico o formato impreso. Se prohíbe de forma estricta la grabación de esta publicación así como tampoco se permite cualquier almacenamiento de este documento sin permiso escrito del editor. Todos los derechos reservados.

Se establece que la información que contiene este documento es veraz y coherente, ya que cualquier responsabilidad, en términos de falta de atención o de otro tipo, por el uso o abuso de cualquier política, proceso o dirección contenida en este documento será responsabilidad exclusiva y absoluta del lector receptor. Bajo ninguna circunstancia se hará responsable o culpable de forma legal al editor por cualquier reparación, daños o pérdida monetaria debido a la información aquí contenida, ya sea de forma directa o indirectamente.

Los respectivos autores son propietarios de todos los derechos de autor que no están en posesión del editor.

La información aquí contenida se ofrece únicamente con fines informativos y, como tal, es universal. La presentación de la información se realiza sin contrato ni ningún tipo de garantía.

Las marcas registradas utilizadas son sin ningún tipo de consentimiento y la publicación de la marca registrada es sin el permiso o respaldo del propietario de esta. Todas las marcas registradas y demás marcas incluidas en este libro son solo para fines de aclaración y son propiedad de los mismos propietarios, no están afiliadas a este documento.

TABLA DE CONTENIDO

Parte 1 1

Qué Es Minimalismo 2

El Minimalismo Es Intencional 5

El Minimalismo Es Libertad De La Pasión De Poseer 6

El Minimalismo Es Libertad De La Manía Moderna. 6

El Minimalismo Es Libertad De La Duplicidad....... 8

El Minimalismo Es Contra-Cultural. 9

El Minimalismo No Es Externo Sino Que Interno. 9

El Minimalismo Es Completamente Alcanzable.. 10

Beneficios De Vivir Un Estilo De Vida Minimalista 12

Crea Lugar Para Lo Que Es Importante 12

Más Libertad 12

Enfócate En Salud Y Hobbies 12

Menos Enfoque En Posesiones Materiales 13

Más Paz Mental... 14

Más Felicidad 14

Menos Miedo Al Fracaso 15

Más Confianza 15

Pasos Para Lograr Tus Metas 16

Desabarrota Tu Casa 16

Vivir Casi Con Nada 17

Ahorra Dinero Y Pregúntate Si En Serio Lo Necesitas 18

Ideas Creativas De Re-Uso 18

Consejos Minimalistas 19

Conclusión 25

Parte 2 26

Introducción 27

Capítulo 1 – El Reino Minimalista 32

Capítulo 2 – Los Beneficios Del Minimalismo 35

Capítulo 3 – Cómo Comenzar 37

Capítulo 4 – El Hogar Minimalista 39

Capítulo 5 – La Cocina Minimalista 44

PRINCIPALES UTENSILIOS DE COCINA 45
ELEMENTOS ESENCIALES 46
ELEMENTOS A EVITAR 50
CÓMO ELIMINAR ELEMENTOS INNECESARIOS DE TU COCINA 53

Capítulo 8 – El Dormitorio Minimalista 84

COMENZAR DE NUEVO 84

Tesoro, Transferencia, Basura 86
¡Mantener Las Áreas Despejadas! 89
Módulos 90
Limitaciones 92

Capítulo 9 - Conclusión 99

Por Un Mayor Beneficio 99
El Estilo De Vida Minimalista 101

Parte 1

Qué es Minimalismo

El minimalismo es una herramienta que lo puede ayudar a encontrar la libertad. Libertad del miedo. Libertad de las preocupaciones. Libertad de abrumar. Libertad de culpa. Libertad de la depresión. Libertad de ñas ataduras de la cultura consumidora alrededor de la cual hemos construido nuestras vidas. Verdadera Libertad.

Eso no significa que haya algo inherentemente malo con tener posesiones materiales. El problema de hoy aparenta ser el significado que le damos a nuestras cosas: tendemos a darle demasiado significado a nuestras cosas, muchas veces olvidando nuestra salud, nuestras relaciones, nuestras pasiones, nuestro crecimiento personal, y nuestro deseo de contribuir más allá de nosotros mismos. ¿Quieres poseer un carro o una casa? Genial, ¡tenlo! ¿Quieres criar una familia y tener una carrera? Si estas cosas son importantes para ti, entonces eso es maravilloso. El minimalismo simplemente te permite tomar estas decisiones más conscientemente, más deliberadamente.

¿Pero cómo pueden estas personas ser tan diferentes y aun así ser minimalistas? Eso nos trae de regreso a nuestra pregunta original: ¿Qué es minimalismo? Si tuviéramos que resumirlo en una sola oración, diríamos, el Minimalismo es una herramienta para deshacerte de los excesos de la vida en favor de enfocarse en lo que es importante—para que puedas encontrar felicidad, cumplimiento, y libertad.

El minimalismo nos ha ayudado a…
- Eliminar nuestro descontento
- Reclamar nuestro tiempo
- Vivir el momento
- Perseguir nuestras pasiones
- Descubrir nuestras misiones
- Experimentar la libertad real
- Crear más, consumir menos
- Enfocarnos en nuestra salud

- Creer como individuos
- Contribuir más allá de nosotros mismos
- Librarnos de cosas en exceso
- Descubrir el propósito de nuestras vidas

Al incorporar el minimalismo en nuestras vidas, por fin hemos sido capaces de encontrar la felicidad duradera—y eso es lo que todos estamos buscando, ¿no es cierto?

Todos queremos ser felices. Los minimalistas buscan la felicidad no a través de cosas, sino a través de la vida misma; por ende, depende de ti determinar que es necesario y que es superfluo en *tu* vida.

A través de nuestros ensayos pretendemos presentarte ideas de cómo lograr un estilo de vida minimalista sin adherirse a un código estricto o un juego de reglas arbitrario. Aunque, una palabra de aviso: no es fácil tomar los primeros pasos, pero tu jornada hacia el minimalismo se pone mucho más fácil—y más gratificante—a medida avanzas. Los primeros pasos usualmente toman cambios radicales en tu esquema mental, acciones, y hábitos. Aunque, no temas—queremos ayudar: hemos documentado nuestras experiencias para que puedas aprender de nuestros fracasos y éxitos, aplicando lo que hemos aprendido en tu propia situación, asistiéndote en llevar una vida con más significado.

El Minimalismo es Intencional

Está marcado por claridad, propósito e intencionalidad. En su núcleo, el minimalismo es la promoción intencional de las cosas que más valoramos y la remoción de todo lo que nos distrae de eso. Es una vida que fuerza la intencionalidad. Y como resultado, fuerza mejoras en casi cada aspecto de tu vida.

EL MINIMALISMO ES LIBERTAD DE LA PASIÓN DE POSEER

La cultura moderna nos ha vendido la mentira de que la buena vida se encuentra en acumular cosas—en poseer cuanto más sea posible. Ellos creen que más es mejor y se han inadvertidamente suscrito a la idea de que la felicidad puede ser comprada en una tienda por departamentos.

Pero están equivocados. El minimalismo trae libertad de toda la pasión todo-consumidora de poseer. Nos baja de la caminadora del consumismo y se atreve a buscar la felicidad en otro lado. Valora las relaciones, experiencias, y cuidado del alma. Y al hacerlo, encuentra la vida.

EL MINIMALISMO ES LIBERTAD DE LA MANÍA MODERNA.

Nuestro mundo vive a un paso febril. Estamos demasiado apurados, demasiado apresurados, y demasiado estresados. Trabajamos largas, apasionadas horas para pagar las cuentas, pero caemos más profundo en las deudas. Corremos de una actividad a otra—hasta haciendo múltiples tareas a lo largo del camino—pero nunca parecemos terminarlo todo. Permanecemos en constante conexión con otros a través de nuestros teléfonos celulares, pero las verdaderas relaciones trascendentales continúan esquivándonos. El minimalismo ralentiza la vida y nos libera de esta histeria moderna de vivir más rápido. Encuentra la libertad en desligarse. Busca sólo mantener los esenciales. Busca remover lo frívolo y mantener lo significante. Y al hacerlo, valora los esfuerzos intencionales que añaden valor a la vida.

EL MINIMALISMO ES LIBERTAD DE LA DUPLICIDAD.

Aunque nadie lo escoja intencionalmente, la mayoría de la gente vive en duplicidad. Ellos viven una vida alrededor de su familia, una vida alrededor de sus colegas, y otra alrededor de sus vecinos. El estilo de vida que han escogido les requiere que proyecten una cierta imagen exterior dependiente de las circunstancias. Ellos son torcidos y volteados por las campañas publicitarias más recientes o demandas de sus jefes.

Por otro lado, una vida simple es unida y consistente. Ha aprendido un estilo de vida que es completamente transferible no importa la situación. Es la misma vida el viernes por la tarde que el lunes por la mañana... así como el lunes por la mañana. Es confiable, segura y no fluctuante. Trabaja en todas las circunstancias.

EL MINIMALISMO ES CONTRA-CULTURAL.

Vivimos en un mundo que idolatra celebridades. Ellos son fotografiados para revistas, entrevistados en la radio, y grabados para la televisión. Sus vidas se nos presentan como el estándar dorado y son envidiados por muchos. La gente que vive vidas minimalistas no son puestos como campeones por los medios de la misma manera. Ellos no encajan en la cultura consumista que es promocionada por corporaciones y políticos. Aun así, ellos viven una vida que es atractiva e incitante.

Mientras que la mayoría de la gente está persiguiendo el éxito, glamur, y fama, el minimalismo nos llama con una voz más pequeña, silenciosa y calmada. Nos invita a desacelerar, consumir menos, pero disfrutar más. Y cuando conocemos a alguien viviendo una vida más simple, usualmente reconocemos que hemos estado persiguiendo las cosas equivocadas después de todo.

EL MINIMALISMO NO ES EXTERNO SINO

QUE INTERNO.

En nuestro primer libro, Simplify (Simplificando), delineamos 7 principios guías para ayudar a cualquiera a ordenar su hogar y su vida. Los principios delineados en el libro han ayudado a miles a encontrar la libertad al remover mucho del desorden físico en su hogar. El libro se concentra casi exclusivamente en la parte externa de la vida. Y aunque ayude a la gente a encontrar libertad del desorden externo, no da el siguiente paso de ayudar a la gente a encontrar libertad y unidad en su corazón y su alma.

He aprendido que el minimalismo siempre es una cuestión del corazón. Después de que el desorden exterior ha sido removido, el minimalismo tiene el espacio para referirse a los asuntos más profundos del corazón que impactan nuestras relaciones y nuestra vida.

EL MINIMALISMO ES COMPLETAMENTE ALCANZABLE.

Una vida minimalista es completamente alcanzable. Mi familia se sostiene como prueba viviente. Éramos sólo una típica familia de cuatro viviendo en los suburbios acumulando cuantas cosas nuestros ingresos y tarjetas de crédito nos lo permitían. Luego, encontramos el minimalismo. Hemos abrazado un estilo de vida intencional de vivir con menos y nunca mirar atrás a cómo era la vida antes. Y nos sostenemos como prueba viviente de que el minimalismo es completamente alcanzable (y único) para cualquiera que lo busque.

Típicamente, encuentro que aquellos que generalmente están interesados en saber "qué es minimalismo de todos modos" y se toman el tiempo de preguntar las preguntas consiguientes son atraídos a los principios del estilo de vida. Después de todo, ofrece casi cada cosa que nuestro corazón ha estado pidiendo desde siempre.

Beneficios de Vivir Un Estilo de Vida Minimalista

Crea lugar para lo que es importante

Cuando purgamos nuestros cajones y armarios de chatarra creamos espacio y paz. Perdemos ese sentimiento claustrofóbico y podemos realmente respirar de nuevo. Crea la habitación llenar nuestras vidas de significado en lugar de cosas.

Más libertad

La acumulación de cosas es como un ancla, nos ata. Siempre estamos aterrorizados de perder todas nuestras 'cosas'. Déjalo ir y vas a experimentar una libertad como nunca antes: una libertad de la avaricia, deuda, obsesión y exceso de trabajo.

Enfócate en salud y hobbies

Cuando pasas menos tiempo en Home Depot tratando sin éxito de mantenerte al ritmo de los Jonseses, creas una entrada

para hacer las cosas que amas, cosas que parecía nunca tenías tiempo para ellas.
Todos dicen todo el tiempo que no tienen suficiente tiempo, pero ¿cuantas personas realmente se detienen y ven en lo que se están gastando el tiempo en hacer? Puedes estar disfrutando un día con tus hijos, entrenando en el gimnasio, practicando yoga, leyendo un buen libro o viajando. Cualquiera que sea esa cosa que amas podrías estarla haciendo, pero en vez de eso estás atrapado en Sears comprando más cosas.

Menos enfoque en posesiones materiales

Todas las cosas con las que nos rodeamos son meramente una distracción, estamos llenando un vacío. El dinero no puede comprar la felicidad, pero sí puede comprar comodidad. Después de que se satisface la comodidad inicial, allí es cuando nuestra obsesión con el dinero debe terminar.

Somos bombardeados por los medios presentando promesas de felicidad a través de medidas materialistas. No es de sorprenderse que luchemos cada día. Resiste esas urgencias. Es un camino vacío, no te hará feliz.

Es difícil no enredarse en la trampa consumista. Necesito recordatorios constantes de que es un sentido falso de felicidad. Yo disfruto las cosas pero también reconozco que no las necesito.

Más paz mental

Cuando nos apegamos a las posesiones materiales creamos estrés porque siempre estamos temerosos de perder esas cosas. Al simplificar tu vida puedes perder tu apego a estas cosas y últimamente crear una calmada y pacífica mente.

Entre menos cosas tengas para preocuparte, más paz tendrás y es así de simple.

Más felicidad

Cuando desabarrotas tu vida, la felicidad llega naturalmente porque gravitas hacia las cosas que más importan. Ves claramente las promesas falsas en todo el desorden, es como un vidrio roto en contra de la verdadera esencia de la vida. También encontrarás felicidad en ser más eficiente, vas a encontrar concentración al tener reenfocadas tus prioridades, vas a encontrar felicidad al disfrutar desacelerar.

Menos miedo al fracaso

Cuando miras a los monjes budistas, ellos no tienen miedo, y no tienen miedo porque no tienen nada que perder.

En cualquiera que sea lo que persigues puedes sobresalir, si no estás plagado con el miedo de perder todas tus posesiones terrenales. Obviamente necesitas tomar los pasos apropiados para poner un techo sobre tu cabeza, pero también sabe que tienes poco a lo que tenerle miedo excepto el miedo en sí.

Más confianza

El estilo de vida minimalista entero promueve individualidad y autosuficiencia. Esto te hará tener más confianza en perseguir tu felicidad.

Pasos para lograr tus metas

Decide cómo tu hogar puede ayudarte a vivir un estilo de vida más minimalista. Tu travesía por un estilo de vida más minimalista puede apuntarte en la dirección de una casa más pequeña o sencilla. Este es un gran paso para aquellos que son dueños o rentan una casa, mas no imposible. De nuevo, comienza con una meta de lo que quieres, sé específico. ¿No estás seguro de lo que quieres? Viaja un poco y busca quedarte en casas con el rango de tamaño que estás buscando. Vas a ser capaz de visualizar tu vida futura más fácilmente si es un tamaño al cual puedes disminuir. O tal vez el tamaño y tipo de tu hogar está bien pero se trata de lo que está adentro...

Desabarrota tu casa

Esto aparenta ser bastante obvio, pero puede ser el paso más doloroso para aquellos que tienen un verdadero apego a muchos de sus objetos. Comienza lento e intencionalmente. Bota o dona todo lo que *obviamente* no necesitas primero. Luego toma y esconde todo lo que crees que podrías sobrevivir unos meses sin eso, date una distancia para ser capaz de regalarlos. Luego usa esa motivación para tomar coraje de llevar el desabarrote tan a los extremos como se necesite para trabajar en tu estilo de vida minimalista de ensueño. Siempre recuérdate que librarte de tantas cosas como puedas de tu vida va a hacer que lograr tu meta de una vida más simple sea más fácil y te permitirá tener más libertad. No tienes que vivir sólo con una cama y una laptop; de nuevo, *tú* decides qué significa para ti vivir más mínimamente.

Vivir casi con nada

Entrénate para vivir con menos. Si estás acostumbrado a crear comodidades por un largo tiempo, puede que no estés listo para tomar un salto minimalista en lo absoluto. Considera tener fines de semana o meses sin comodidades, lentamente eliminando lujos y comodidades (aún tan simples como cortes de cabello caros o citas semanales en el cine) y viendo que se siente bien perder, y qué cosas son demasiado valiosas para tu felicidad como para renunciar a ellas.

Ahorra dinero y pregúntate si en serio lo necesitas

Pregúntate "¿En serio necesito esto?" todo el tiempo. Antes de deslizar tu tarjeta de crédito, pregúntate "¿De verdad necesito esto?" y pregúntatelo todo el tiempo. Al principio puedes justificar fácilmente las compras por hábito, pero mientras la pregunta se asienta en tu mente, puedes encontrarte dándote cuenta de que no *necesitas* tantas de las cosas que compras impulsivamente.

Ideas creativas de re-uso

Sé un re utilizador. Otro hábito genial para explorar en el camino de una forma de vivir más minimalista es aprender a ser un gran re utilizador. Guarda el empaque para reutilizar para otras cosas. Aprende a reparar y remendar cosas en lugar de reemplazar. Usa ropa vieja como trapos para proyectos DIY (hágalo usted mismo).

Sea abierto a ser creativo para encontrar formas en las que puede reutilizar algo que ya tiene en lugar de comprar algo nuevo.

Consejos minimalistas

1. Superficies libres y espacios desabarrotados crean calma en el alma.

2. La desorganización en mi ambiente solía crear caos cerebral para mí. Aprendí los pasos a seguir del desabarrote de casi todas estas experiencias minimalistas y formulé un plan diario para desabarrotar. ¡Qué gran diferencia ha hecho!

3. Desenchufa y toma parte de sabáticos digitales regularmente.

4. He blogueado sobre esto antes, pero no puedo decir suficiente lo que esta práctica ha hecho por mi salud mental, mis hijos y mi matrimonio. Aquí hay un [podcast genial](.) sobre lo que puede hacer por ti.

5. El hábito de decir que *NO* puede mejorar vastamente tu vida.

6. Con cada y todos las publicaciones que leo sobre este tema de varios blogueros, gano coraje e inspiración para

decir fuerte (pero educadamente) y seguidamente **NO** a los compromisos que no son pasiones... no a las cosas de familiares o amigos... no a situaciones sociales que me hacen sentirme estresado o incómodo. Esto me permite que entren los 'sí' que traen conciencia y felicidad.

7. Sé realista sobre cuanto entretenimiento haces en casa.

8. Me deshice de todos los dobles en mis closets y gabinetes. Encontré que mi set tamaño ejército de copas de champaña tenía polvo, excepto dos. Las decoraciones temáticas de fiestas son los únicos inquilinos en el muy necesitado espacio de gabinete. También encontré que si surge una necesidad para equipo de fiestas, la gente está más que feliz de prestarla a sus amigos.

9. Escoge un trabajo que ames y la vida va a mejorar en general.

10. En el momento no soy auto empleado como muchos de estos expertos en la vida simple. Fui dueño de mi propio negocio de fotografía por 13 años y me di cuenta que no encajaba con mi

personalidad. No tenía el regalo de separar el trabajo del emprendimiento de la vida familiar. Estoy sorprendido de la gente que puede vivir en ambos de esos planetas exitosamente-- ¡y aún más impresionado con la gente que puede hacerlo de viaje! Después de darme cuenta de que no trabajo para mí mismo, decidí regresar a la docencia. Resulta que adoro inspirar a niños de tercer grado—nunca había estado tan feliz en un empleo. Este cambio por sí solo inspiró a mucho de mi reducción (adiós armarios de equipos) y simplificación (hola, fines de semana en familia). Creo que el acto de simplificar puede ayudarte a ser honesto con lo que sí y no funciona en una carrera y te da el coraje de tomar el salto requerido para hacerlo bien.

11. Pon límites al gasto cuando se trate de hijos

12. Aunque el queja-saurio esté vivo y a gusto en mi casa, creo que mis niñas van a agradecerme después. Ellas son responsables de los "extras" con sus mesadas. Yo comunico un precio que se

me hace cómodo cuando se trata de comprar ropa. Si mis adolescentes quieren el Cadillac de los jeans, ellas tienen que pagar la diferencia. Les mostramos cuáles son nuestras cuentas y hablamos sobre lo importante que es un presupuesto y hemos logrado aplacar los "dame eso" con experiencias orientadas a servicio. De alguna manera los Nike Free Runs no aparentan ser tan atractivos cuando hay visiones de los indigentes y abandonados en la cabeza de uno.

13. Un armario con 33 objetos en serio puede hacer tu mañana (y tu vida) más eficiente

14. Me doblé y grité mientras le eché un vistazo a mi armario desbordante. Lo corté en el transcurso de un mes. Yo sólo me puse serio sobre lo que en serio estaba siendo usado e inventé un itinerario Airstream de 3 meses y saqué todos los objetos que creí que podían caber en nuestro armario pequeño de Twinkie. Con los objetos yaciendo en mi cama, me tuve que reír porque consistía en todos mis favoritos.

15.   Escoge calidad sobre cantidad
16. La juguera, cuchillo de cortar, zapatos de correr, abrigo de invierno, cartera y lápiz labial (entre otras cosas) fueron consensadas a una compra de calidad por categoría. Menos cosas, pero cosas que van a durar. The Simple Joy of One (La alegría simple de uno) de Joshua Becker es una gran publicación que me tomo a pecho.

17.   La comida y el ejercicio se pueden simplificar para una máxima salud.
18. Dejé de lado mi membresía del gimnasio en lugar de mi ágil y eficiente espacio de entrenamiento en el garaje. Todas las "meriendas saludables" caras (que realmente son comida pre-empacada camuflajeada en un ambiente de Whole Food) fueron desterradas. Comemos comida cruda—nueces, fruta deshidratada, carne seca, toneladas de frutas y vegetales—y eso nos ha mantenido bien este año. Como maestro de primaria que ha estado de vuelta al aula por un año, me ha dado un resfriado. Yo creo en el jugo verde y en que estoy

haciendo lo mejor que puedo para ayudar a todos en nuestro hogar a que lo crean también. Me encanta el punto de vista de Los Minimalistas en [dieta](#) y [ejercicio.](#)

19. Invierte en experiencias en lugar de cosas.

20. Como familia hemos tomado la decisión de viajar lo más que podamos. Sea que sea en nuestro Airstream o por avión, creo que es suficientemente importante para requerir una cuenta separada de ahorros para viajes. Los carros lujosos y segundos hogares nunca iban a entrar en la foto con nuestra familia— siempre ha sido ir a lugares y hacer cosas.

Conclusión

No te tienes que deshacer de cosas sólo por deshacerte de ellas. Remueve lo que no necesitas (en tu hogar, en tus pensamientos, en tu horario) para hacer lugar para la vida en ti.

Parte 2

Introducción

Quiero agradecerte y felicitarte por descargar el libro.

Este libro contiene pasos y estrategias probadas sobre cómo vivir cómodamente con poco de acuerdo con el principio del minimalismo. El pensamiento de existir en una existencia básica y despejada con un número menor de posesiones suena atractivo para muchas personas.

Han tenido en cuenta los valores de poseer menos pertenencias, como menos deuda y menos estrés, menos para ordenar y organizar, y más fondos y vitalidad para sus principales pasiones. Permanecen listos para limpiar el desorden, pero varias personas caen rápidamente en la próxima pregunta precisa de cómo comenzar.

Además, las personas con frecuencia comienzan a percibir que se sienten abrumadas, preocupadas y encaminadas en torno al conocimiento de arreglar el desorden dentro de sus residencias. Esto es bastante triste ya que el viaje no tiene por qué ser tan insoportable como algunas personas creen que existe.

Esencialmente, hay una diversidad de personas que se aseguraron de encontrar maneras divertidas e ingeniosas de comenzar. Si organizas simplificando tu existencia, o contemplando la existencia más claramente, puedes estar más allá de lo que contemplas.

En ciertas condiciones, las acciones espontáneas de ciertas personas ya representan el minimalismo mucho antes de que se den cuenta de que es hacia donde se dirigen. Por lo tanto, esto es cuando el libro viene a la mano. A través de él, podrá discernir dónde se encuentra actualmente en línea con el minimalismo y cómo seguir avanzando. Si se encuentra lejos de la línea de partida, este libro lo ayudará a tomar el camino correcto.

Gracias de nuevo por descargar este libro, ¡espero que lo disfruten!

Este libro está orientado a proporcionar información exacta y confiable con respecto al tema y cuestiones abordadas. La publicación se vende con la idea de que el editor no está obligado a rendir cuentas porservicios oficialmente permitidos u otros servicios calificados. Si se requiere asesoramiento, legal o profesional, se debe consultar a una persona con experiencia en la profesión.

De una Declaración de Principios que fue aceptada y aprobada por igual por un Comité del Colegio de Abogados Americano y un Comité de Editores y Asociaciones: de ninguna manera es legal reproducir, duplicar o transmitir cualquier parte de este documento por medios electrónicos o en formato impreso. La grabación de esta publicación está estrictamente prohibida y cualquier almacenamiento de este documento no está permitido a menos que sea con el permiso por escrito del editor. Todos los derechos reservados.

La información proporcionada en este documento se considera veraz y coherente, ya que cualquier responsabilidad, en términos de falta de atención o de otro tipo, por el uso o abuso de cualquier política, proceso o dirección contenida en este documento es responsabilidad exclusiva y absoluta del lector receptor. Bajo ninguna circunstancia se hará responsable o culpable legalmente al editor por cualquier reparación, daño o pérdida monetaria debida a la información aquí contenida, ya sea directa o indirectamente.

Los autores respectivos son dueños de todos los derechos de autor no mantenidos por el editor.

La información aquí contenida se ofrece únicamente con fines informativos, y es universal como tal. La presentación de la información se realiza sin contrato ni ningún tipo de garantía asegurada.

Las marcas registradas que se utilizan son sin ningún tipo de consentimiento, y la publicación de la marca registrada es sin el permiso o respaldo del propietario de la marca registrada. Todas las marcas comerciales y marcas incluidas en este libro son solo para fines de aclaración y son propiedad de los mismos propietarios, no están vinculadas a este documento

Capítulo 1 – El Reino Minimalista

Vivimos en un mundo gobernado por el consumismo. Webster lo define como:

"Un orden e ideología social y económica que fomenta la adquisición de bienes y servicios en cantidades cada vez mayores"

Eso significa que, en nuestra sociedad actual, tener más posesiones equivale a más éxito y mayor status en la vida. Bueno, ¿es así realmente? ¿Tener cientos de cosas diferentes, automóviles caros y casas lujosas define quiénes somos? Tal vez sea así. De hecho, no hay nada de malo en ser rico. Trabajaste duro durante muchos años, renunciaste a muchas cosas para llegar adonde estás ahora y nadie puede juzgarte por eso.

El minimalismo no se trata de ser pobre; este es un concepto erróneo muy común. Tampoco se trata de vivir en un lugar viejo y estrecho. El minimalismo es una idea, una herramienta que puede ayudar a cualquier persona a encontrar la verdadera felicidad y la libertad. Podría significar vivir con la menor cantidad de posesiones que puedas, o reducir tus gastos y ser conservador con cualquier cosa que compres. Podría significar limpiar tu casa, deshacerte de todo lo innecesario, o podría significar ser tan simple como estar organizado. Al final del día, depende realmente de ti cómo deseas definir el minimalismo o cómo deseas incorporar el minimalismo en tu vida. El minimalismo, en su sentido más verdadero, significa ser feliz y estar contento con tu vida.

Incluso podría considerarse como una forma de arte, ya que cada individuo tiene una forma única de expresarlo. Tan amplio y teórico como suena el minimalismo, en realidad hay formas concretas que puedes hacer para comenzar a ser un minimalista. Mi intención al escribir este libro es presentarte el concepto y enumerar las formas en que puedes ser uno en todos los aspectos de tu vida. No es de ninguna manera decirte que todo lo que menciono es la única forma de hacerlo. Las ideas que leerás son de mi propia experiencia y de otros minimalistas de todo el mundo.

La geografía y la cultura desempeñan un papel importante en la personalidad de un ser humano y también es responsable de dar forma al tipo de minimalista en que se convertirá. Si todo este concepto es nuevo para ti, entonces probablemente será difícil al principio, así que te invito a que al menos lo pruebes. Se volverá más fácil y mucho más gratificante a medida que avanzas.

Capítulo 2 – Los Beneficios del Minimalismo

El minimalismo ayuda a eliminar el descontento en nuestras vidas. Ayuda a simplificar la forma en que pensamos y cómo vivimos. Comienzas a encontrar alegría en cosas inesperadas que nunca creíste posibles. Los científicos dicen que toma 66 días para que un individuo forme un hábito. El minimalismo, aunque es un concepto, también es un hábito. Una vez que nuestras mentes han sido programadas por simplicidad, entonces todo lo demás sigue su curso.

También descubrirás que tienes más tiempo en tus manos una vez que hayas dominado el arte del minimalismo. Las cosas que te han preocupado antes ya no están allí, por lo que te dan el tiempo necesario para cosas más importantes. Recupera el tiempo perdido con tu familia y tus seres queridos y haz las cosas que nunca pensaste que harías por falta de tiempo.

Al eliminar tu dependencia de las cosas, puedes canalizar tu atención hacia las cosas más importantes de la vida. Crecerás más como persona, te entenderás mejor a ti mismo y entenderás tu propósito, todo porque estarás libre de todo el desorden y la distracción que una vez te impidieron.

Financieramente, tendrás más control también. Aprenderás a gastar sabiamente, solo comprando cosas que son verdaderamente esenciales y que te brindarán muchos usos. Te darás cuenta de que las cosas que te hacían feliz antes solo lo hacían porque te otorgaban conveniencia. Conveniencia con la que ni siquiera necesitabas empezar.

Todo esto, sin sacrificar tu felicidad.

Capítulo 3 – Cómo Comenzar

Una vez que estés listo para comenzar tu viaje, lo primero que te darás cuenta es cuánto has acumulado con el tiempo. No te sientas abrumado ya que esta podría ser una razón para que abandones todo el asunto. Toma pequeños pasos y concéntrate en un aspecto de tu vida que quieras arreglar primero.

Una de las citas más famosas es:

"Roma no fue construida en un día ..."

Puede que no estemos construyendo un imperio, pero definitivamente podríamos aprovechar mucho de esta simple declaración. En los siguientes capítulos, discutiremos cómo puedes convertirte en un minimalista en cada aspecto de tu vida. La idea no es seguirlos en orden, sino elegir uno y dominarlo primero, antes de pasar al siguiente.

Todo lo mencionado en este libro gira en torno a una idea principal: la práctica. Tu viaje hacia ser minimalista comienza por transformar tu vida en una práctica. Te enseñaré cómo eliminar la complejidad en todas las cosas que haces y posees, de modo que todo lo que te rodea tiene un propósito único y definido. A medida que leas el libro, aprenderás a adquirir cosas que tienen más de un uso, eliminando así la redundancia. También aprenderás a eliminar el desorden al diferenciar tus necesidades frente a tus deseos. Una vez que hayas comenzado este proceso, te darás cuenta de que has adquirido:

- Muchas cosas que realmente no necesitas.
- Cosas que solo necesitas para una situación específica que sucede muy raramente.
- Elementos que tienen el mismo propósito que otro elemento que ya tiene, pero lo hacen más rápido o más sofisticado.

Capítulo 4 – El Hogar Minimalista

¿Alguna vez ha experimentado una extraña satisfacción al ver un hogar sin desorden? Es calmante, liberador y simplemente agradable. Para explicar más a fondo, aquí están los beneficios de un hogar minimalista:

Menor demanda

Todo dentro de su visión atrae su atención y el desorden es un tipo de distracción gráfica. Por lo tanto, cuanto menos basura, menores son las demandas visuales que experimentamos. Una casa minimalista, por lo tanto, es relajante.

Más atractiva

Reflexiona sobre fotos de casas desordenadas y fotos de casas minimalistas. Lo que atrae a la mayoría de las personas es que tienen casi nada en ellas, a excepción de ciertos muebles encantadores, pinturas bonitas y adornos hermosos extremadamente limitados. Podrías hacer tu hogar más atractivo al crearlo altamente minimalista.

Mantenimientomás fácil

Es difícil limpiar toda una habitación llena de artículos innecesarios, así como barrer y aspirar alrededor de un grupo de accesorios. Piensaen cuán libre de estrés es ordenar una habitación limpia y vacía en comparación con otra con cien objetos en ella.

Eso es una exageración obvia, pero es solo para ilustrar la diferencia entre las dos. En consecuencia, ¿cómo aparece un hogar minimalista? Un hogar minimalista varía según el gusto del minimalista y la intensidad de sus creencias. En general, sin embargo, un hogar minimalista se caracteriza por:

1. Mínimos accesorios

Una habitación minimalista solo contendría un número limitado de accesorios. Un living familiar, por ejemplo, podría simplemente tener un sofá, un sillón cómodo, una mesa para el desayuno, una simple barra de entretenimiento sin estantes, una pequeña pantalla y algunas lámparas.

Incluso puede contener menos, como asientos sin sofá y mesa de desayuno. Un tocador puede contener una cama modesta o igualmente una cama de aire, un escritorio y tal vez una mesa de noche o una biblioteca.

2. Exteriores claros

En una casa despejada, las superficies niveladas permanecen despejadas, aparte de un par de embellecimientos. Están libres de montones de chucherías, y ciertamente no hay pilas de papeles, libros o artículos similares.

3. Decoraciones y accesorios

prácticos

Ser minimalista no significa no tener decoraciones o adornos en absoluto. Hay una delgada línea entre un hogar minimalista y un hogar que es simplemente aburrido. Una mesa de té con un florero simple en el medio es simple pero elegante. Una foto de familia en el borde de su mesa de estudio le da a su habitación un poco de carácter. Una pintura sofisticada da vida a una habitación por lo demás aburrida. Estas son solo algunas cosas con las que puedes experimentar. No tengas miedo de dejar que tu creatividad se desate.

4. *Calidad sobre cantidad*

Este consejo en realidad se aplica no solo a tu hogar sino también a todo lo demás. Si deseas minimizar tus artículos, comienza por tener una mentalidad de calidad sobre cantidad. Por ejemplo, toma pinturas, puedes elegir adornar sus paredes con un montón de pinturas pequeñas que obtuviste de una venta de garaje o puedes comprar una pintura grande y sofisticada en la que los colores complementan todo lo que tienes en tu habitación. Esos pequeños cuadros que compraste probablemente no te durarían tanto y terminarás reemplazándolos, intentando encontrar otra cosa que se ajuste mejor. Sin embargo, el otro es elegante y será la pieza central de tu sala de estar durante los próximos años.

Capítulo 5 – La Cocina Minimalista

Para seguir complementando nuestra vida minimalista, debes considerar cocinar tu propia comida, ya que esto reducirá enormemente tu presupuesto mensual de alimentos. Cada comida que tú cocinas para tu familia no solo es más barata, sino también más saludable. Incluso las personas que tienen poca o ninguna experiencia en la cocina no deberían ser intimidadas ya que lo que realmente estamos buscando son recetas simples, fáciles de cocinar. Comienza con algo simple, pero hazlo regularmente, con el tiempo eventualmente mejorarás.

Ahora hay un pequeño obstáculo que debemos superar, y eso es conseguir cosas para tu cocina. Si no tienes cuidado, esto podría salirse de control y te costará miles de dólares gastados en cosas innecesarias. Sin embargo, con la investigación adecuada y con tu mentalidad minimalista, deberías poder construir tu cocina por mucho menos de lo que crees sin sacrificar su funcionalidad.

Principales Utensilios de Cocina

Empecemos por sacar los obstáculos grandes de nuestro camino primero. Para cualquier cocina minimalista, solo necesitas una estufa y un refrigerador. El noventa por ciento de tus necesidades de cocina será abordado por ellos. Si te estás mudando a un nuevo departamento, generalmente ya vienen con estos accesorios. Algunos pueden venir con hornos montados en la pared, parrillas eléctricas y otras cosas que realmente no contribuyen a nuestra cocina minimalista, por lo que te sugiero que los vendas. Si vas a comprar algo nuevo, recuerda siempre ir por algo duradero. Caro no siempre significa duradero, así que realiza una investigación adecuada antes de finalizar tu compra. Las críticas de los productos están dispersas por toda la web, así que dedica un tiempo a investigarlas. Buscar uno que sea energéticamente eficiente también es esencial. Estas cosas generalmente vienen con los adhesivos de la Guía de Energía que te indican la cantidad de kWh que consume por año y el costo operativo anual estimado.

Elementos Esenciales

A continuación hay una lista de todos los artículos que considero esenciales para cualquier cocina. Algunos de estos pueden variar de un hogar a otro, según el tipo de cocina que quieras para cocinar, por lo que puedes ajustarlo como mejor te parezca.

1. ***Sartén de Hierro Fundido*** – Este es uno de los artículos más versátiles y duraderos que puedes tener en tu cocina. Puedes usarlo sobre las hornallas para freír y también en el horno para cocinar cortes de carne gruesos. Es incluso lo suficientemente resistente como para colocarlo encima de una parrilla.

2. ***Olla/s de Hierro Fundido*** – Si deseas ser un minimalista extremo, una olla

grande de hierro fundido debería ser suficiente para todas tus necesidades de cocción. Ya sea para hervir la pasta, cocinar guisos o cocinar lentamente la carne. Sin embargo, ciertas recetas requerirán que cocines dos cosas a la vez y ahí es donde una segunda olla, probablemente una más pequeña, debería ser útil. Al igual que con la sartén, vamos por el hierro fundido debido a su versatilidad.

3. *Cuchillo* – Existe un gran debate sobre si un solo cuchillo de Chef realmente se adaptará a todas sus necesidades de cocción. Literalmente puede hacer casi todo, desde cortar verduras, cortar carne, cortar pollo o pavo, y muchos más. Los chefs profesionales dirían que necesitarás al menos 3-5 tipos de cuchillos. Aparte del cuchillo de un cocinero, requerirán los siguientes cuchillos: cuchillo de emparejamiento, cuchillo de sierra, cuchillo de carnicero, cuchillo de filete o un cuchillo de deshuesado. Personalmente, solo iré

con el cuchillo del chef, ya que aún puede realizar la tarea especializada de todos los otros cuchillos mencionados anteriormente, aunque un poco más difícil. Así que ejercite su propio criterio aquí y use el cuchillo o cuchillos que crea que le serán más útiles.

4. ***Tabla para cortar*** – Personalmente mantengo una tabla de cortar de madera simple para todas mis necesidades. No necesitas una de precio elevado, ya que su principal objetivo es realmente tener una superficie que sea segura para que puedas hacer todos sus cortes y dados. La práctica común es tener dos tablas de cortar. Una de madera para todas tus verduras y una de plástico para carne. El principal argumento para usar un plástico en lugar de una tabla de cortar de madera es porque es más higiénico. Sin embargo, me parece que las tablas de cortar de madera son más resistentes y respetuosas con el medio ambiente. Solo asegúrate de lavarla

bien y desinfectarla cada vez.

5. *Pinzas* – Consigue una buena y que searesistente y duradera. Hay innumerables usos para este artículo y realmente no hay sustituto para él.

6. *Abrelatas* – Hay formas de abrir una lata sin utilizar un abrelatas, pero eso no es práctico. Escoge uno que también funcione como un abridor de botellas.

7. *Espátulas*– Necesitarás dos de ellas. Una plana para casi cualquier cosa y otra que tiene forma de cuchara cuando se cocina algo con líquido.

Los siete artículos mencionados anteriormente es lo que considero lo mínimo para cualquier cocina. Dependiendo de tu estilo de cocina y de tu cocina preferida, puedes agregar elementos como te parezca. Por ejemplo, si te gusta hornear, es probable que necesites un par de moldes para hornear y toda la demás parafernalia para hacerlo. Estos elementos que mencioné no incluyen los tazones y el recipiente de comida que podrías estar usando de vez en cuando, así que simplemente juega y decide por ti mismo cuáles de ellos realmente necesita.

Para utensilios, platos y vasos, normalmente me gusta mantener un juego para 10 personas. Si decides alojar a más de 10 personas, te recomendaría usar vasos y platos de papel. A menos que hagas una fiesta cada semana, entonces sería un caso diferente, pero esa es probablemente la excepción y no la regla.

Elementos a Evitar

Ahora que hemos definido qué artículos son esenciales, vamos al otro extremo del espectro e identificamos qué artículos en su cocina son solo un desperdicio de espacio. Estas son las cosas que se crearon para su conveniencia y no son una necesidad absoluta.

1. ***Horno a Microondas*** – Probablemente nada caracteriza más la conveniencia en la cocina como el horno de

microondas. Para las personas ocupadas, es realmente conveniente sacar los alimentos empaquetados directamente del congelador y, después de dos minutos, la cena está lista. También le ahorra tiempo ya que no necesita lavar los platos después. Esta práctica, sin embargo, atrofia tu habilidad para aprender a cocinar tus propias comidas. La comida envasada es probablemente más barata en comparación con la de un restaurante, pero preparar tu propia comida es aún más barato. Sin mencionar el hecho de que un horno de microondas ocupa mucho espacio en su cocina. La única vez que podríamos justificar tener un horno de microondas es si recalientas los alimentos que has cocinado anteriormente.

2. ***Tostadora de Pan*–** Cuando era niño, recuerdo haber usado mucho la tostadora de pan. Simplemente colocas el pan y, después de un minuto, saltará,estará caliente y listo para

comer. Una vez más, al igual que el microondas, es muy conveniente de usar pero, ¿realmente lo necesitamos? También podemos usar nuestra sartén y tostar el pan de un lado a la vez presionando hacia abajo para que se queme.

3. **Olla Arrocera –** *Antes de que se inventara la olla arrocera, la gente cocinaba su arroz en cacerolas. Sí, es posible que tengas que removerlo de vez en cuando y verificar si está cocinado, pero aún así hace el trabajo. Todavía hay hogares en los países asiáticos, que comen arroz en casi todas sus comidas, que no utilizan una olla arrocera.*

4. **Freidora –** *Si estás utilizando tu freidora a diario, entonces hay algo mal con tu dieta y es hora de cambiar. En todo caso, cuando realmente tienes que freír algo, puedes usar tu olla de hierro fundido.*

5. **Bloque de Cuchillos –** *Ya mencionamos*

que usar un solo cuchillo de Chef probablemente sea suficiente para tus necesidades diarias. Si tienes más cuchillos, probablemente necesitarás un bloque de cuchillos que ocupará espacio en la mesada de tu cocina. Así que tira todos tus otros cuchillos, junto con el bloque de cuchillos y guarda tu cuchillo de cocinero en un cajón con tus demás utensilios.

Cómo Eliminar Elementos Innecesarios de tu Cocina

La mayoría de las personas tiene problemas para reducir la cantidad de artículos que tiene en su cocina. Para simplificar esta tarea, puedes utilizar estas preguntas como guía:

1. ¿Tiene algún otro uso además de su propósito principal?
2. ¿Puede ser reemplazado por algún otro artículo que ya tienes?
3. ¿Con qué frecuencia estás utilizando este artículo?

Idealmente, nos gustaría que nuestra cocina minimalista solo incluya elementos que tengan múltiples usos y aquellos que usamos la mayoría del tiempo. Para ilustrar mejor esto, echemos un vistazo a algunos ejemplos.

Un prensador de ajo es un invento realmente genial. No solo pica el ajo por ti, también lo pela muy bien. Si estás cortando cientos de ajos por día, entonces tal vez podamos justificar este artículo, pero en situaciones normales, ¿cuántos necesitas realmente? Probablemente 5-6 dientes ya serían suficientes. Cortar esa cantidad de ajo es algo que un cuchillo de cocina normal lograría.

¿Qué tal esos ablandadores de carne que parecen un pequeño martillo? Se utilizan para ablandar la carne, para que sea más fácil de comer. ¿Se te ocurren posibles alternativas? ¿Por qué no usar la parte inferior de tu sartén o la parte posterior de tu cuchillo? Probablemente harán el trabajo de manera menos eficiente, pero de todos modos lo lograrán. Además, si investigas un poco más, marinar la carne ya la ablandará. Los jugos de vinagre o cítricos son lo suficientemente ácidos para suavizar las fibras musculares de la carne. Lo mismo con los productos a base de coca o tomate.

Capítulo 6 – La Comida Minimalista

A estas alturas, la mayoría de la gente estaría de acuerdo en que gran parte del mundo industrializado come demasiado. Tampoco es una sorpresa encontrar que entre los países que consumen más de lo que deberían, Estados Unidos encabeza la lista. No hay nada intrínsecamente malo en eso, especialmente si la misma familia en esa economía apoya ese tipo de vida.

Pero para la mayoría de las personas, consumir más de lo que debería es un gran no-no. Especialmente con aquellos que desean practicar un estilo de vida minimalista, tienden a comenzar con el hábito de practicar el minimalismo con la comida. Con eso, esas mismas personas tienen la solución más simple: comer menos. Por supuesto, obviamente, comer menos es la respuesta. Batidos saludables, limpieza líquida, dietas de moda o incluso alimentos dietéticos, no están presentes en el estilo de vida de "comer menos". Simplemente está comiendo menos. Este es un enfoque que la mayoría de las personas practica para lograr su estilo de vida minimalista. Sin embargo, ese enfoque es más fácil decirlo que hacerlo. Por supuesto, otros han tenido la motivación y la disciplina para hacerlo, mientras que otros fracasan miserablemente con el enfoque.

El minimalismo en la comida va más allá de eso. Practicar el estilo de vida minimalista en términos de comida se extiende a lo que come y cómo lo prepara, no solo cuánto consume. Muchos optan por comer alimentos naturales y libres de conservantes. Estos son alimentos que no han sido procesados. Prepararlos sería fácil y simple, ahorrándote tiempo y energía. Además, no tienes que gastar tanto como cuando sales a comer o al comprar innumerables ingredientes que también los mantendrás en la cocina por un tiempo.

Compra Minimalista de Comestibles

En primer lugar, justo antes de reflexionar

sobre cómo puede cocinar y consumir alimentos en una vida minimalista, primero debe considerar qué necesitaría para hacerlo. Ahorrar dinero durante la compra de comestibles es un plan abiertamente difícil y tedioso. Tendrías que hacer mucha planificación previa, utilizar algo de energía mental y tener el deseo de probar cosas nuevas.

Si bien puede ser fácil ahorrar dinero en comestibles comprando diferentes marcas o recurrir a cocinar comidas más baratas, muchas veces necesitamos volver a lo básico: comprar menos. Debemos considerar muchas formas de comprar menos comestibles.

La vida minimalista te enseña a hacer cosas con menos. Por supuesto, comprar menos significa que gastamos menos, lo que nos permite ahorrar más dinero.

La mentalidad minimalista toca el aspecto de comprar comestibles porque tú, alguien que pretende tener un estilo de vida minimalista, se beneficiará de ello. Tendrás menos, lo que te impulsa a necesitar menos.

Esta guía te mostrará cómo puedes estar atento a las cosas que compras, independientemente de cuán mínimo sea:

- **Frutas y verduras frescas en cantidades exactas**

Ser un minimalista no siempre significa que tengas que recurrir a tener menos, a veces solo tienes que tener suficiente sin que nada se desperdicie. En este enfoque, puedes comprar verduras y frutas en cantidades exactas que necesitarás semanalmente. A menudo, cuando hacemos las compras, tendemos a tomar solo un puñado de frutas sin pensar realmente en cuántas comeremos realmente. Este truco funciona bien, simplemente porque gastarás menos y simplemente porque estás comprando lo que vas a consumir. Además, las frutas y verduras a menudo se desperdician porque se pudren fácilmente. El mejor ejemplo de esto es al hacer ensalada.

Averigua cuántos comerás y cuál sería tu porción. Calcula cuántos tomates, pepinos y aguacates necesitarás para la ensalada y solo compra lo suficiente para la preparación de la comida.

- **No compres alimentos preelaborados**

Cualquier cosa que venga preparada, cortada, prefabricada, cortada en cubitos, cortada y cocida seguramente te costará más. Cuanto menos esté preparada la comida, más dinero ahorrarás a largo plazo. La comida no preparada también es significativamente más saludable. Un ejemplo de esto pueden ser los bloques de queso cheddar. Por supuesto, si haces Tacos de vez en cuando, es mejor comprar el bloque en lugar de un paquete de queso rallado. Los paquetes de queso rallado, sin duda, costarán más y definitivamente ocuparán más espacio.

- **Ajusta la compra de comestibles a una comida planeada**

Una de las ventajas de llevar un estilo de vida minimalista es que siempre tienes las cosas planeadas de antemano. Esto es cierto para algunos, especialmente para aquellos que van de compras. Cada artículo que compres debe estar asignado a una comida específica; Ya sea desayuno, almuerzo o cena. Nunca compres algo que tengas en stock ya que esto te tentará a cocinar o a comer más. Compra cosas de una manera planificada para que no termines comprando más de lo que deberías.

- **Compra a granel, si es necesario**

La compra a granel reduce significativamente los costos. Sin embargo, esto no le sienta muy bien a nadie que lleve un estilo de vida minimalista, ya que ocupa más espacio del necesario, lo que lleva a un gasto excesivo. "Gastar para ahorrar", Spaving en inglés, es un término acuñado para definir el intento de gastar para ahorrar dinero, un concepto que el estilo de vida minimalista no cumple muy bien. En su lugar, compre abarrotes a granel solo cuando sea necesario y cuando tenga perfecto sentido. Los papeles higiénicos y las toallas de papel son excelentes ejemplos de esto. Nunca asuma que comprar en grandes cantidades le ahorrará dinero inmediatamente. Trata de necesitar menos simplemente consumiendo menos.

- **Haz un inventario de tu despensa/regrigerador antes de comprar**

Para comprar menos, primero necesitas saber lo que ya tienes. Simplemente revisando y haciendo un inventario de tu despensa o refrigerador puedes simplificar esto. Hacer esto te llevará a comprar sobre una base de "necesidad" y no de "querer". Nuevamente, no compre cosas que "podría usar en algún momento" o "quiera probar". Solo compra lo esencial.

- **No seas leal a las marcas, prueba otras nuevas**

Ser un verdadero minimalista significa que siempre tratas de ser abierto para ahorrar más, incluso si eso significa cambiar a otras marcas. Si una marca en particular sale a la venta por una semana, no tengas miedo de probarla porque seguramente ahorrarás más. Ser leal a una marca te da restricciones de lo que consumes. Ser menos leal a una marca significa que te será más fácil adaptarte a las nuevas, que la mayoría del tiempo estarán disponibles.

- **Compra menos, ahorra más**

Solo una reiteración y una simplificación excesiva de lo que se ha dicho, es realmente así de simple. O bien emplea una variedad de tácticas para obtener artículos más baratos o, simplemente, compra menos.

Comer menos

Aquellos que tienen sobrepeso o los que están en vías de tenerlo pueden tener algunos problemas de salud graves. Aunque es más fácil decirlo que hacerlo, tampoco está comprobado que perder peso o reducir el consumo de alimentos pueda resolver estos problemas de salud. Comer menos, entre muchos otros métodos, puede resolver algunos de los problemas de salud de estas personas. No solo es un enfoque holístico para un estilo de vida saludable, sino que también es una forma de practicar el minimalismo de la manera más fácil. Por supuesto, hacer ejercicio y tener una dieta adecuada son importantes, el exceso de calorías es un problema fundamental para la mayoría de las personas.

Una vez más, es más fácil decirlo que hacerlo. Entonces, ¿cómo practica el enfoque holístico y minimalista cuando se trata de comer alimentos? Éstas son algunas de nuestras ideas:

- Come comidas más ligeras y más pequeñas: trata de evitar las comidas pesadas o las porciones grandes de alimentos, ya que pueden proporcionarte más calorías de las necesarias.

- Come hasta que ya no tengas hambre, no hasta que estés satisfecho: no consumas demasiada comida. Unas de las personas más sanas del mundo, los habitantes de Okinawa, comen hasta que están llenos solo en un 80%.

- Evita los restaurantes, especialmente aquellos con raciones grandes. La mayoría de los restaurantes de hoy, así como las cadenas de comida rápida, sirven una cantidad ridículamente grande de alimentos. Es mejor evitar este tipo de restaurantes si aún tienes la costumbre de practicar el minimalismo cuando se trata de comida. Si es inevitable, intenta simplemente ordenar guarniciones o ensaladas, mejor aún, divide una comida pesada con alguien.

- Come muchos alimentos ricos en agua y ricos en fibra: ambos son abundantes y saludables. Tales ejemplos de esto son los frijoles, las verduras y las frutas.

- Ayuna de 18 a 24 horas por lo menos un par de veces a la semana. Esto parece ir en contra de la mayoría de los consejos de salud, pero lee libros de salud como Eat Stop Eat de Brad Pilon (para obtener información adicional).

Comer Sano

Si bien comer menos, sin duda resuelve muchos problemas, desde financieros hasta limitaciones de tiempo, comer limpio también es una visión del enfoque minimalista. El concepto de comer limpio promueve un estilo de vida saludable y apoya la vida minimalista; golpeando dos pájaros de un tiro, como diría la mayoría. Básicamente, comer limpio es simplemente comer alimentos en su estado natural, sin haber pasado por el procesamiento.

Sin embargo, esto no significa necesariamente que tengas que comer alimentos crudos, a pesar de que los alimentos crudos son bastante buenos para ti. Además, esto no significa promover o fomentar una dieta de alimentos crudos, sino una dieta de alimentos integrales. Esta dieta de alimentos no procesados a menudo se llama "alimentación limpia".

Entonces, ¿cómo vas a comer limpio? Hay muchas opiniones sobre cómo puedes comenzar y mantener el hábito de comer limpio, pero para empezar, intenta lo siguiente:

- Por supuesto, tu dieta principal siempre debe incluir frutas y verduras.
- Consume alimentos en su estado natural o algo cercano a ello.
- Evita los alimentos procesados.
- Come granos enteros, preferentemente, evita las harinas.
- Aceites y mantecas de nueces, legumbres y frutos secos en general, son una excelente manera de comer limpio.
- Trata de consumir proteínas magras.

Ten en cuenta que el objetivo es lograr un estilo de vida más limpio y saludable en proporción y consonancia con tu estilo de vida minimalista. Pero eso no significa que debas comprometer tu satisfacción cuando se trata de alimentos para vivir ese estilo de vida. Sí, puedes beber o comer golosinas, pero trata de mantenerlo con moderación. El objetivo no es lograr esas cosas al 100%, el objetivo es mantener un estilo de vida en el que te sientas cómodo y confortable.

La Cocina Minimalista

A estas alturas, ya has establecido la idea de que vas a consumir menos y, en última instancia, necesitarás menos para cocinar. Es una estrategia muy recomendable para vivir un estilo de vida minimalista, uno debe aprender a cocinar por sí mismo. Además de ahorrar dinero, también ahorrarás recursos y tendrás un estilo de vida mucho más saludable. No importa lo conveniente que sea comer afuera o comprar comida para llevar, es igualmente costoso y poco saludable. Esto va en contra de todo tu sistema de creencias de ser minimalista, ya que gastarás más y consumirás más de lo que pretendes. Los restaurantes, sin importar cuánto intentes controlar tu dieta, sirven demasiada comida.

Cocinar por ti mismo es conveniente, pero debes aprender el arte de cocinar simplemente. La cocción minimalista implica cocinar con 5 ingredientes o menos, ya sea sustituyendo los ingredientes o eliminándolos, pero sin comprometer el sabor.

Pero, ¿en qué puede contribuir la cocina minimalista a tu estilo de vida minimalista? Aparentemente, hay muchos beneficios como:

- Número mínimo de pasos: el número de pasos se minimiza y las instrucciones se mantienen concisas y concretas.

- Tiempo mínimo: cuando cocinas al mínimo, puedes hacer las cosas de manera eficiente y a tiempo, pudiendo tomar solo 10 minutos de tu tiempo.

- Cantidad mínima de ingredientes: las listas largas de ingredientes pueden ser desalentadoras, por lo que debes limitar tus ingredientes a por lo menos 5 ingredientes o menos. Los ingredientes innecesarios no deben estar involucrados y cada ingrediente debe realizar su función clave. ¿Las hojas de tomillo realmente afectan el sabor o son solo para mostrar?

- Equipamiento mínimo: como se dijo anteriormente, tu cocina solo debe estar compuesta de artículos esenciales que tengan múltiples propósitos. De esa manera, ahorrarás espacio y tiempo al evitar preparaciones "sofisticadas".

Para obtener más información acerca de cómo puedes lograr una cocina minimalista y recetas más minimalistas, puedes consultar el libro digital gratuito de cocina Stonesoup de Jule Clancy.

Capítulo 7 – El Guardarropa Minimalista

Todos los días, tenemos que tomar dos de las decisiones más difíciles de nuestra rutina diaria: qué comer y qué vestir. El primero, si ha adoptado el estilo de vida minimalista en lo que respecta a la comida, no debería ser un problema por ahora. La última, sin embargo, es una de las decisiones más estresantes que enfrentamos todos los días. Por lo general, pasamos minutos frenéticos sacando la ropa del armario con la esperanza de encontrar algo que satisfaga nuestro deseo interior de la moda.

Con demasiada frecuencia, elegir lo que queremos usar todos los días crea un estrés innecesario. Esto va directamente contra el minimalismo. El concepto de minimalismo abarca la idea de que vives con menos y lo disfrutas. Agregar otra carga de elección simplemente no encaja con esa creencia. Esto puede deberse principalmente a que tu vestuario está lleno de artículos innecesarios, ropa que has acumulado a lo largo de los años, ropa que ya no usas, etc.

La solución a este problema es simple: simplificar. Al reducir la cantidad de ropa en tu armario, te quedas con lo esencial, la ropa que conoces. Estas son tus prendas que te hacen sentir cómodo, la ropa con la que estás familiarizado. Trajes que te quedan, los que te hacen sentir fabuloso e indomable al mismo tiempo, esa es tu indumentaria esencial.

Ya que no necesitas una tonelada de ropa que simplemente está colgada en tu guardarropa y sin usar, la mejor opción sería deshacerte de ella. Organiza una venta de garaje, dónala, lo que sea. Tu primer objetivo hacia un guardarropa minimalista es atacar el desorden.

En caso de que no lo hayas notado, las personas exitosas no tienen problemas con la ropa que usan. Eso no quiere decir que no tengan ningún sentido de la moda ni nada, solo que han aceptado su simplicidad. Steve Jobs, Mark Zuckerberg, Hilary Clinton e incluso Barack Obama, por nombrar algunos, se han puesto sus prendas exclusivas una y otra vez. ¿Por qué? Porque para ellos, elegir y estresarse sobre qué ponerse es muy irrelevante.

Disposición del Guardarropa

Aquí es donde entra en juego tu actitud minimalista. Ser sencillo y usar la ropa con la que te sientas cómodo te ahorra el esfuerzo mental de elegir la ropa más adecuada. En su lugar, puedes enfocar ese tiempo y capacidad intelectual en otra parte, en algún lugar en el que puedas ser productivo

Ahora, ya sea que estés buscando eliminar el desorden de tu vestuario para lograr el enfoque "minimalista" en su totalidad o simplemente estás empezando a construir uno, necesitas tener una estrategia. Al igual que todos los rasgos minimalistas, necesitas tenerlo planeado. No hay nada más frustrante que entrar en algo no preparado. Entonces, ¿cómo optimizar tu guardarropa y establecer una hoja de ruta clara para vivir la vida con un vestuario minimalista? Prueba estos diez principios:

- **Definición** - Tu ropa dice mucho de ti. Usando las cosas que has elegido de acuerdo a tus parámetros de moda, reflejará claramente tu propia personalidad. Entonces, para lograr tu propio estilo, dedicaun tiempo a perfeccionar cuidadosamente tu sentido de la moda y crea tu propio concepto de estilo definido. Y ya que has desarrollado tu propio estilo, no hay necesidad de desordenar tu guardarropa con ropa con la que solo quieres experimentar.

- **Selectividad** - Mantén el espacio de tu armario solo para las cosas que usas actualmente. No querrás terminar con incontables pares de pantalones que no querrías usar, así que ajústate a las cosas que realmente te gustaría usar. Además de mantener el mismo espacio en tu armario, también te darás un poco de libertad financiera ya que en este punto, ahora sabes lo que realmente deseas. Por lo tanto, no perderías dinero en compras no deseadas y repentinas.No debes cortar con las cosas buenas y suficientes, necesitas amarlas.

- **Autenticidad** - Deshecha toda la tendencia de la moda de ir 'hipster' o 'bohemio'. Como individuo, debes tener un vestuario adecuado para tu estilo de vida y personalidad. Deja de frustrar tu autoestima acerca de cómo no puedes seguir las 10 cosas que toda mujer u hombre debería usar. Al mismo tiempo, no debes arriesgar el cerebro para saber qué tipo de moda quieres seguir. Crea tu propia moda, y como dijimos antes, expresa tu personalidad. Incluso si eso significa ponerse una camisa blanca y un par de pantalones chinos.

- **Calidad sobre cantidad** - La regla de platino de los minimalistas. ¿Te gustaría tener un armario lleno de ropa que dure solo una temporada o un conjunto de ropa buena que te dure más? Obviamente, el minimalismo nos dará la opción de elegir este último. En lugar de ir a la caza de gangas o ir de compras por la moda actual, compra ropa que pueda durar un par de temporadas. Presta atención al ajuste, color, tejido, etc. Recuerda que un buen suéter siempre es mejor que cinco suéteres imperfectos.

- **Estilo por encima de la moda** - Siempre hay una tendencia de moda lista para surgir de la nada, pero ten cuidado. Solo sigue las tendencias de moda que se adapten a tu propio estilo, de lo contrario terminarías con otro placard repleto. Analiza con cuidado si seguir la tendencia de la moda. La regla general debería ser: ¿se ajusta a su estilo individual? ¿Merece un lugar en tuabarrotado armario?

- **Funcionalidad** —La vida minimalista, por obvio que sea, te fuerza ausar menos con motivos aparentes. Sin embargo, no compromete su uso "menos" por la calidad de las cosas que usan. La ropa es una de las cosas que debe poseer este rasgo. No te limites a buscar algo con fines estéticos, su forma y función también deben ser tomadas muy en cuenta. Los jeans te deben quedar bien y los suéteres deben mantenerte abrigado, por nombrar algunos de ellos.

- **Versatilidad** - La armonía de tu ropa debe construir las bases de estas piezas fundamentales. Tu guardarropa debe consistir en un conjunto de ropa con una buena coherencia entre sí, de esa manera puedes alternar las combinacionesentre ellas sin tener que comprar otras.

- **Inversiones** - Aunque va en contra de la ideología de "gastar menos", esto no es totalmente cierto. Los minimalistas invierten tiempo y dinero en aquellas cosas que son justificables por la frecuencia con que las usan y cuál es el propósito del artículo. En este caso, la calidad de las prendas es el factor principal.

- **Evolución** - El estilo que elijas debe ser atemporal o, al menos, debe poder evolucionar según cambian tus necesidades. De esta manera, no necesitarás cambiar tu guardarropa en cada temporada.

- **Comodidad** - Este debe ser un rasgo no negociable de tu ropa, de hecho, para cualquiera de los artículos que compres. Como minimalista, todas tus compras deben hacerse con "necesidad" y no con "querer" o simplemente una compra realizada de manera impulsiva.

Límites

En esta época de producción en masiva, la ropa es barata y fácilmente disponible; podemos bajar a nuestro centro comercial local y regresar con un coche lleno, si así lo deseamos. Además, la moda siempre está cambiando; lo que es "in" esta temporada, está "out" en la siguiente, solo para ser reemplazado por un nuevo conjunto de elementos imprescindibles. Si bien nuestros bisabuelos solo podían costear (y obtener) algunos atuendos nuevos cada año, no tenemos tales restricciones. ¡No es de extrañar que nuestros armarios estallen en las costuras!

Es por eso que los límites juegan un papel tan importante en nuestros armarios minimalistas; Mantienen nuestras prendas y accesorios a un nivel manejable. ¡Sin ellos, seguramente estaríamos enterrados bajo una avalancha de ropa! En el sentido más amplio, entonces, deberíamos limitar nuestra ropa al espacio de almacenamiento disponible. Si nuestros armarios o aparadores se desbordan, debemos detener la marea "y evitar que el contenido se vierta en la habitación. Sin embargo, incluso si podemos contener el torrente, no queremos tambalearnos en el punto de ruptura. La idea no es llenar nuestros armarios lo más lleno posible, sino eliminar los elementos de manera suficiente para crear un poco de espacio para respirar. No es bueno para nuestra ropa (o niveles de estrés) cuando tenemos que sacarla del armario o aplastarla en los cajones. Con esto en mente, revisaré la declaración anterior: deberíamos limitar nuestra ropa a menos del espacio de almacenamiento disponible.

Ciertamente no puedo decirte cuántas camisetas, suéteres o pares de pantalones debes tener, ese número depende de ti para decidir. Algunas personas no tienen problemas para usar los mismos pantalones toda la semana, mientras que otras no se sienten cómodas con menos de un par por día. Determina lo que es suficiente para ti y recórtalo a ese nivel. Tus límites pueden ser muy bien calculados, o completamente arbitrarios. Cuando me mudé al extranjero, solo podía colocar cuatro pares de zapatos en mi equipaje; Por lo tanto, eso es lo que mantuve. Cuando compré una percha que contenía cinco faldas, cerré mi colección con ese número. He limitado mis abrigos a uno por temporada, y mis calcetines y ropa interior a un suministro de diez días. Tus límites serán diferentes a los míos y dependerán de tu situación personal y nivel de comodidad.

Además, establece límites en tu ropa de

dormir, tu ropa de ejercicio y tu ropa de "trabajo sucio" (las prendas gastadas que utilizas cuando estás haciendo jardinería o pintando). Dependiendo de tus horarios de lavandería y actividades, generalmente será suficiente de una a cinco prendas. Limita tus accesorios, las bufandas, corbatas, bolsos y joyas se pueden multiplicar cuando no los estamos controlando. Calcula la cantidad de ropa que usas en una semana típica y establece un número máximo razonable; alternativamente, limítalos al contenedor en el que están almacenados.

Lo más importante, ¡diviértete con tus límites! Personalmente, me encanta ver cuántas prendas únicas puedo hacer a partir de un número fijo de artículos. Considéralo como un desafío: ¿qué tan bien puedes arreglártelas con unas pocas camisas, zapatos, faldas o bolsos? Es una gran oportunidad para ejercitar tu creatividad y estilo.

¿Qué Ropa Usar?

Por supuesto, incluso con los intimidantes recordatorios de qué ponerse, a veces todavía nos quedamos pensando qué significa exactamente "mínimo" cuando se trata de vestuario. Para algunos, es tener un conjunto de ropa que puedan usar alternativamente. El enfoque minimalista toma este camino porque ha reducido la elección de su ropa a lo que están dispuestos a usar.

Si aún estás confundido sobre cómo deben ser los cimientos de tu vestuario mínimo, intenta esto:

Para mujeres:

- 2 lindos vestidos.
- Al menos 2 chaquetas.
- 3 faldas.
- 3 suéteres.
- 2 pantalones.
- 2 jeans.
- 3 abrigos.

- 1 camisa blanca con botones (agrega otra si la naturaleza de tu trabajo lo requiere).
- 4-5 camisetas o remeras

Para hombres:
- 2 trajes formales.
- 1 esmoquin clásico.
- 2-3 blazers o sacos.
- 4 camisas de vestir.
- 2 jeans delgados oscuros.
- 2 chinos delgados.
- 3 camisas a cuadros
- 2 camisetas polo.
- 5-6 camisetas básicas.
- Por supuesto, las corbatas son necesarias. Ajusta la cantidad de acuerdo a la naturaleza de tu trabajo.

Capítulo 8 – El Dormitorio Minimalista

Uno de los lugares más importantes donde debe tener lugar tu magia minimalista es el dormitorio. Esta habitación, más que cualquier otra habitación de tu casa, debe ser el lugar donde puedas relajarte, estar sereno y en paz. Es un lugar donde escapar de la molestia del tambor de tu vida cotidiana. Después de haber creado una habitación para tu intimidad minimalista, tendrás un lugar perfecto para un merecido descanso.

Comenzar de Nuevo

Debido a que tu dormitorio debe ser un lugar de refugio y descanso, debe ser obvio que debe ser un lugar despejado. Además de relajar el cuerpo, también debe relajar la mente. Mantenerlo ordenado ayuda a relajar a ambos.

Primero, debes tomarte unos momentos para imaginar tu dormitorio ideal. Imagina cada detalle como si fuera el diseño de una revista: las mantas, la iluminación, el color de las sábanas, el piso, etc. Imagina qué tipo de ambiente te gustaría para descansar todas las noches. Ya que estás siguiendo un enfoque minimalista, supongo que no es una imagen caótica lo que estás imaginando.

Para comenzar de nuevo, saca todo lo que haya en el dormitorio, excepto la cama. Este mueble es necesario para la habitación, ya que sirve para dormir. Del mismo modo, mantén cualquier cosa grande que definitivamente vas a tener en tu habitación como una cómoda o un armario. Luego, desmontar todo lo que puedas. Quita todo lo que sientas que no necesitas para dormir. Limpia todo y colócalo en otra habitación por ahora.

Después de eliminar lo que no es esencial para la habitación, acuéstate en la cama. Notará que se siente más abierto, más relajante y un mejor lugar para dormir. Notarás que puedes respirar y despejar tu mente fácilmente, y descansar en paz. Así es cómo debes sentirteen un dormitorio.

Tesoro, Transferencia, Basura

Primera orden de negocio: crear tus pilas de Tesoro, Transferencia, Basura. Después de eso, debería ser fácil clasificar las diferentes cosas de tu dormitorio, especialmente las relacionadas con lo esencial para dormir.

Lo más probable es que encuentres algunos elementos que no puedan ser clasificados para ninguna de tus pilas. En realidad, no son materiales que quisieras eliminar, pero al mismo tiempo también puedes regalarlos. De hecho, estos son elementos que realmente te gustaría conservar. Sin embargo, estos son artículos que no se pueden quedar en tu habitación, ya que no son esenciales para dormir.

Esto es muy común ya que el dormitorio a menudo sirve generalmente para acumular las cosas que escondemos frenéticamente. Imagina que esperas invitados en una hora, la sala de estar y los comedores están sobrecargados y, sin embargo, parece que todavía faltaran cosas que colocar. Un dormitorio puede parecer un lugar perfecto, uno podría pensar, y este es a menudo el caso.

Cuando surja este dilema, siéntete libre, entonces, para redefinir tu pila de transferencia para que se transfiera a otra habitación donde puedes guardar las cosas que se han colocado incorrectamente en lugar de tirarlas. Sin embargo, ten en cuenta que los elementos que mueves tienen un lugar y una función legítimos en alguna parte, de lo contrario, solo terminarás moviendo la basura de una habitación a otra.

Cada cosa en su lugar

Para que las habitaciones sean tranquilas y confortables, todos y cada uno de los elementos deben colocarse en un lugar adecuado. La organización de elementos va de la mano con el minimalismo, ya que puedes mantener las cosas en orden, lo que te permite ver la cantidad de cosas que realmente estás acaparando.

Las zonas de dormitorios se pueden definir fácilmente: necesitarás un espacio para dormir y otro para vestirte. Por supuesto, también puedes agregar otra área de aseo siempre que no ocupe demasiado espacio. El lugar para dormir y arreglarte también se conoce como tu "círculo íntimo" donde puedes colocar tus artículos esenciales de la vida diaria. Este es el lugar para exhibir tus anteojos, artículos de aseo, reloj de alarma, etc. Recuerda, sin embargo, que deben mantenerse en el lugar adecuado y no estar esparcidos por toda la habitación, ya que puede causarte una llaga en los ojos al ver una habitación con semejante desorden justo antes de irte a dormir.

El "círculo exterior" de su dormitorio es aquel en el que almacenas los artículos que se pueden usar para tu dormitorio. Sin embargo, aunque puedes mantener los artículos disponibles con facilidad en este círculo exterior, aún así deberían pasar por tu Basura, Tesoro, Pila de Transferencia, o al menos deben usarse una vez al año, de lo contrario no sería imprescindible para tu dormitorio. Los gabinetes, grietas, rincones y cajones son partes de tu círculo exterior donde puedes almacenar artículos que son necesarios para el mantenimiento de tu dormitorio, aunque no se usan todos los días.

¡Mantener las Áreas Despejadas!

La superficie más importante de la habitación es la cama. Por lo tanto, la debes mantener siempre despejada, ¡sin excusas! Y como tu cama es una superficie funcional, debes recordar que no es necesario que contenga accesorios decorativos. Si hay algo que no es esencial en la cama, intenta mantenerlo al mínimo.

Toma nota de los hoteles de lujo: las camas están hechas de telas de lino blancas, claras y frescas. ¡Es un refugio para la relajación y para un retiro minimalista! Tu cama no debe servir también como área para otras actividades que no sean para dormir, como doblar la ropa y una estación de trabajo. Si es así, despeja la superficie inmediatamente después de que hayas terminado de usarla.

Sin embargo, la cama no es la única área

en tu dormitorio. Mesas de noche, cómodas, tocadores y mesas, también son superficies que siempre se deben mantener despejadas, lo cual es otra gran razón para mantener los muebles al mínimo. Siempre recuerda limpiar su parte superior y solo coloca los elementos necesarios para el uso diario o que sirvan sólo para el propósito de ese área.

Por último, pero no menos importante, limpiar el piso. No dejes que se acumulen una pila de libros o ropa mientras estabas ocupado despejando otras superficies.

Módulos

Si no tienes un armario para la ropa de cama en otra parte de la casa, usamódulos en el dormitorio para alguna cama adicional. Los recipientes de plástico debajo de la cama son perfectos para almacenar sábanas, fundas de almohadas y mantas adicionales. Mantén estos separados según la temporada, para que no tengashurgar entre toallas y colchas pesadas para encontrar tu ropa de cama fresca para el verano. Haz lo mismo para cada habitación de tu casa; mantén las sábanas de los niños y las sábanas de invitados debajo de sus respectivas camas, en sus propios módulos. Luego, cada persona tiene acceso inmediato y fácil a su propia ropa de cama, y evitará el desorden que se puede producir cuando están todos amontonados en un estante.

Además, una buena organización de tu ropa de blanco te permite ver cuántas tienes. Las sábanas parecen multiplicarse cuando no las estamos mirando. De vez en cuando, compramos un nuevo conjunto, porque queremos un aspecto renovado, porque nuestra vieja ropa está desgastada o porque los invitados nuevos piensan que ya tendremos. Las antiguas se relegan a una pila "por si acaso", y nuestra colección crece con cada año que pasa. Cuando las reúnes a todas, ¡puede ser sorprendente descubrir cuántas tienes! Ponerlas en módulos brinda una oportunidad maravillosa para sacrificarlas y mantener una cantidad razonable.

Limitaciones

Establece límites generosamente en el dormitorio para crear y mantener un ambiente sereno. Cuanto menos abarrotado lo veas, más tranquilo te sentirás, lo que puede marcar la diferencia entre un sueño inquieto o tranquilo.

En primer lugar, limita los muebles que tienes en la habitación. El hecho de que un juego de dormitorio tenga seis piezas iguales no significa que tengas que comprarlas (o mantenerlas) todas. En lugar de sobrecargar todo el conjunto en la habitación, selecciona solo las piezas que realmente necesitas. Limita los asientos (como sillas o bancos) al número de ocupantes que comparten la habitación, y limita el almacenamiento de ropa (como armarios o vestidores) a uno por persona. Esto último hace que tengas un armario más simplificado, así como un dormitorio más amplio. Limitar el contenido de tus muebles te ayuda a limitar los muebles en sí.

Segundo, limita las cosas que son visibles.

Por ejemplo, no dejes más de tres artículos en tu mesita de noche o encima de tu cómoda. Esta estrategia destaca los elementos decorativos y deja mucho espacio para los funcionales. No dejes que el hermoso jarrón de tu tocador o la fotografía enmarcada de tu tocador compita por la atención con un montón de revistas o un montón de envases de spray para el cabello. Del mismo modo, no crees una situación en la que derribarás varias chucherías cuando quieras apagar la alarma del despertador.

Uno adentro, uno afuera

A medida que ordenas tu habitación, toma el control de las cosas que circulan en ella. No quieres purgar diez elementos y luego encuentras que has acumulado el doble mientras tanto. A partir de ahora, asegúrate de que un artículo viejo se vaya cada vez que entre uno nuevo.

Las reservas de la ropa de cama requieren una vigilancia especial. Por alguna razón, cuando compramos un nuevo juego de sábanas, cobijas, edredones o cubrecamas, a menudo nos mostramos reacios a tirar lo viejo. La compulsión de aferrarse a la ropa de cama adicional parece incorporada a nuestros genes. Tal vez tengamos miedo de perder el poder en medio del invierno, y necesitamos apilarlo para mantenernos calientes; o imaginamos que una docena de invitados de la noche se presentarán inesperadamente en nuestra puerta; o creemos que serán útiles la próxima vez que nos mudemos, pintemos o tengamos un picnic. Sin embargo, debemos racionalizarlo, solo debe haber tantas sábanas como las que necesitamos; y aferrarse a ellas por alguna situación hipotética en el futuro está ocupando un espacio muy real en este momento. Apégate a la regla de Uno Adentro – Uno Afuera, y la próxima vez que adquieras ropa de cama nueva, dona lo viejo y piensa en la calidez y la comodidad que le brindas a alguien más generosamente.

Aplica el mismo principio a cualquier cosa que entre en el dormitorio y hará que la limpieza y el orden sea mucho más fácil.

Reducir las Cosas

"Reducir" es uno de mis pasos favoritos, porque ahí es donde comienza la verdadera diversión minimalista. Siempre he tenido una especie de racha anti-establishment, y romper las reglas de propiedad de los consumidores (o decorativas) es mi pequeña forma de "rebelarme contra el sistema". En ningún lugar es esto más divertido o socialmente aceptable que en la ¡habitación!

Nuestras habitaciones son nuestros pequeños mundos. Pocos extraños entran en este espacio íntimo, y aquellos que ya nos conocen bastante bien, presumiblemente no nos juzgarán por nuestros muebles, o la falta de ellos. Por lo tanto, podemos sentirnos libres de explorar nuestras fantasías minimalistas aquí, sin tener en cuenta las normas sociales. Eso suena divertido, ¿no? En su sala de estar, puede ser incómodo sentar a los invitados en el piso; pero en tu habitación, nadie sabe (o no le importa) si estás durmiendo en ella.

Busca maneras de minimizar tu ropa de cama también. Pregúntate si es necesario tener ropa de cama separada de invierno y verano; En la mayoría de los climas, el algodón simple será útil durante todo el año. De la misma manera, elije una funda nórdica que funcione en todas las estaciones; omite el pesado terciopelo, por ejemplo, a cambio de algo más versátil. Al tomar decisiones sabias, puedes reducir el contenido de tu armario de ropa sin sacrificar la comodidad. En lugar de acumular sábanas para un ejército, reduce tu colección a lo esencial, ya sea dos juegos por cama o solo uno. Si no recibes visitas frecuentes durante la noche, tus sábanas para invitados pueden ser el doble para tener un resguardo.

Mantenimiento

Es posible que el dormitorio no tenga el mismo tráfico que otras partes de la casa; sin embargo, todavía necesitasun mantenimiento diario para dejarlo limpio y ordenado.

Primero en la agenda: ¡Hacer la cama

todos los días! Esta simple acción toma solo unos minutos, pero puede transformar completamente la habitación y marcar el rumbo para tu día. Una cama hecha es uno de los pequeños lujos de la vida, invitándote a deslizarte y relajarte después de un duro día de trabajo. Además, exuda calma y orden, y es una poderosa influencia para mantener el dormitorio limpio y ordenado. Cuando la cama está desordenada, un desastre en el resto de la habitación no parece fuera de lugar; Todo parece un desastre. Por el contrario, cuando la ropa de cama está alisada, ordenada y doblada, el desorden no tiene camuflaje y es mucho menos probable que se acumule.

En segundo lugar, vigila el dormitorio en busca de "invitados" que no han sido invitados. Por más privado que sea el espacio, algunas cosas aún logran colarse (generalmente en los brazos de otros miembros de la familia). Si encuentras el juguete de peluche de tu niño o la raqueta de tenis de tu cónyuge acechando en la esquina, no lo invites a quedarse y que vuelva como un boomerang al lugar que pertenece. Del mismo modo, cuando termines de leer esa novela de misterio o de ver tu comedia romántica favorita en DVD, no dejes que se quede junto a tu cama. A menos que tengas una estantería en tu habitación, devuélvela a su módulo apropiado en la sala de estar o en la oficina. ¡Despeja la habitación antes de que cierres los ojos y te despertarás en un espacio maravilloso y sereno cada mañana!

Capítulo 9 - Conclusión

Por un Mayor Beneficio

Algo maravilloso sucede cuando nos convertimos en minimalistas: nuestros esfuerzos se extienden para lograr un cambio positivo en el mundo. Cada vez que decidimos contra una compra frívola, conformarnos con algo que ya tenemos, o pedirle prestado a un amigo en lugar de comprarlo, es como darle un pequeño regalo al planeta (y al resto de sus habitantes). El aire estará un poco más limpio, el agua un poco más clara, los bosques un poco más llenos, los vertederos un poco más vacíos. Es posible que hayamos adoptado el minimalismo para ahorrar dinero, ahorrar tiempo o ahorrar espacio en nuestros hogares, pero nuestras acciones tienen beneficios mucho mayores: salvan a la Tierra de daños ambientales y evitan que las personas sufran condiciones laborales injustas (e inseguras). No está mal por pretender algunos armarios limpios, ¿eh?

Nuestro consumo tiene un costo tanto ambiental como humano. Hay una historia de fondo de cada artículo en los estantes de los minoristas: los recursos naturales utilizados en su producción y distribución, las personas involucradas en su fabricación, las consecuencias ambientales de su eliminación. Antes de comprar, debemos considerar el ciclo de vida completo de un producto, para asegurarnos de que su compra no haga más daño que bien. Con esto en mente, discutamos algunos hábitos minimalistas adicionales que podemos cultivar, no solo para aligerar nuestra carga personal, sino también para aligerar nuestra huella en el planeta y conservar sus bondades para las generaciones futuras.

Cada uno tiene sus propias razones para abrazar un estilo de vida minimalista. Tal vez hayas recogido este libro porque tus cajones están repletos, tus habitaciones están desordenadas y tus armarios están hasta el tope. Tal vez te diste cuenta de que comprar en el centro comercial y adquirir cosas nuevas no te estás haciendo feliz. Quizás estés preocupado por los efectos de tu consumo en el medio ambiente y preocupado de que tus hijos y nietos no tengan el aire y el agua limpios que deberían ser un derecho desde su nacimiento.

Espero que el consejo en estas páginas tehaya inspirado a ordenar tu hogar, simplificar tu vida y vivir un poco más a la ligera en la Tierra. ¿Es un mensaje que no escucharás muy a menudo en nuestra sociedad "más es mejor"?; de hecho, casi siempre escucharás lo contrario. En todos los lugares a los que nos dirigimos, nos animan a consumir anuncios, revistas, carteles, radio y anuncios en autobuses, bancos, edificios, baños, e incluso en nuestras escuelas. Esto se debe a que los medios de comunicación tradicionales están controlados en gran medida por personas que se benefician cuando compramos más cosas.

El Estilo de Vida Minimalista

Practicar un estilo de vida minimalista a

veces te puede parecer que estás nadando contra la corriente. Encontrarás personas que se sienten amenazadas por cualquier desviación del status quo; dirán que posiblemente no puedas arreglártelas sin un automóvil, un televisor o un conjunto completo de muebles en la sala de estar. Insinuarán que no tendrás éxito si no compras ropa de diseñador, los últimos aparatos electrónicos y la casa más grande que puedes pagar. Incluso pueden ir tan lejos como para decir que no eres patriótico, y una amenaza para la economía nacional, si no consumes a toda tu capacidad.

No lo creas Todos sabemos que la calidad de vida no tiene nada que ver con los bienes de consumo y "cosas". No es una medida de éxito. Una economía sustentable tiene beneficios más extendidos que uno de crecimiento desenfrenado; y puedes apoyar a tu país mucho más eficazmente participando en asuntos comunitarios y cívicos, que comprando en el centro comercial.

Y no te preocupes, no lo vas a hacer solo. Mira más allá de los "grandes medios de comunicación" y encontrarás un montón de almas gemelas. De hecho, menciona de inmediato a tu colega o vecino que está "reduciendo sus pertenencias", y es probable que te encuentres con un suspiro de conocimiento y un comentario en el sentido de "También me gustaría hacer eso". Después de los excesos económicos de las últimas décadas, hay una creciente desilusión con el consumismo y una gran cantidad de interés en vivir vidas más simples y significativas.

Internet, en particular, es un tesoro de información y apoyo. En los últimos años, la cantidad de blogs y sitios web sobre la vida minimalista, la simplicidad voluntaria y el diseño de estilo de vida alternativo ha aumentado de manera exponencial. Ya sea que estésbuscando consejos para ordenar tus armarios, preguntándote cómo es desconectar la televisión o soñar con vender todas sus cosas y vivir de una maleta, encontrarás a otros que han estado allí, lo han hecho y están compartiendo tus experiencias. Considera la posibilidad de participar en un foro de discusión sobre el tema; Es una excelente manera de conectarse con otros minimalistas, intercambiar técnicas de ordenación y encontrar inspiración y motivación para continuar en el camino.

Una vez que hayas salido del status quo, sentirás una maravillosa sensación de calma y serenidad. Cuando ignoras los anuncios y minimizas tu consumo, no hay razón para anhelar los artículos, no hay presión para comprarlos ni estrés para pagarlos. Es como tomar una varita mágica y eliminar de tu vida una gran cantidad de preocupaciones y problemas. ¿Ya no te importa el "eso"? Bolsos de mano, los últimos modelos de automóviles o la última tendencia en gabinetes de cocina, y mucho menos tener ganas de trabajar más horas o maximizar tus tarjetas de crédito para adquirirlos.

Con la vida minimalista viene la "libertad": libertad de la deuda, del desorden y de la competencia feroz. Cada cosa extraña que elimines de tu vida, ya sea un artículo no utilizado, una compra innecesaria o una tarea no satisfactoria, se siente como un peso levantado de tus hombros. Tendrás que hacer menos recados y menos para comprar, pagar, limpiar, mantener y asegurar. Te sentirás relajado y sin fantasía: podrás moverte por un centavo y buscar oportunidades, sin preocuparte por todas tus cosas. Además, cuando no estás persiguiendo los símbolos de estatus o no te mantienes a la altura del vecino, ganas tiempo y energía para actividades más satisfactorias: como jugar con tus hijos, participar en tu comunidad y reflexionar sobre el significado de la vida.

Dicha libertad, a su vez, brinda una oportunidad fabulosa para el autodescubrimiento. Cuando nos identificamos con las marcas y nos expresamos a través de elementos materiales, perdemos nuestro sentido de quiénes somos. Usamos bienes de consumo para proyectar una imagen determinada de "nosotros mismos" comprando una persona, en esencia, para mostrar al resto del mundo. Empezamos a pensar en nosotros mismos como el tipo que lleva a Gucci, la dama que ama a Tiffany, el hombre que conduce un Mercedes. Además, estamos tan ocupados tratando con "cosas que van y vienen, comprando esto y lo otro" que encontramos poco tiempo para detenernos y explorar lo que realmente nos hace funcionar.

Cuando nos convertimos en minimalistas, eliminamos todo el exceso "de las marcas, los símbolos de estado, las colecciones, el desorden" para descubrir nuestro verdadero ser. Nos tomamos el tiempo para contemplar quiénes somos, qué nos parece importante y qué nos hace verdaderamente felices. Salimos de nuestros capullos de consumismo y estiramos nuestras alas como poetas, filósofos, artistas, activistas, madres, padres, esposas, amigos. Lo más importante es que nos redefinimos a nosotros mismos: por lo que hacemos, cómo pensamos y a quién amamos, en lugar de lo que compramos.

Hay una vieja historia budista sobre un hombre que visitó a un maestro Zen, en busca de guía espiritual. En lugar de escuchar, sin embargo, el visitante habló principalmente de sus propias ideas. Al cabo de un rato, el maestro sirvió el té. Llenó la taza del visitante y siguió vertiendo mientras se derramaba sobre la mesa. Sorprendido, el visitante exclamó que la taza estaba llena y preguntó por qué seguía vertiendo cuando ya no cabía nada más. El maestro explicó que, al igual que la taza, el visitante ya estaba lleno de sus propias ideas y opiniones, y que no podía aprender nada hasta que se vaciara la taza.

www.ingramcontent.com/pod-product-compliance
Lightning Source LLC
Chambersburg PA
CBHW071902070526
44583CB00016B/1805